GEBRÜDER GRIMM

Frau Holle

Mit Bildern von Erhart Bauch

leiv

© leiv Leipziger Kinderbuchverlag GmbH
1. Auflage 2007
Illustrationen: Erhart Bauch Erben
Gesamtgestaltung: Jochen Busch
Druck und Bindung: Ayalon Print & Production, Jerusalem
Printed in Israel

ISBN 978-3-89603-298-0
www.leiv-verlag.de

Eine Witwe hatte zwei Töchter, davon war die eine schön und fleißig, die andere hässlich und faul. Sie hatte aber die hässliche und faule viel lieber, weil sie ihre richtige Tochter war. Die andere, ihre Stieftochter, musste die ganze Arbeit im Hause erledigen.

Das arme Mädchen musste sich täglich an den Brunnen setzen und so viel spinnen, dass ihm das Blut aus den Fingern rann.

Einmal, als die Spule ganz blutig war, beugte sich das Mädchen über
den Brunnenrand, um sie abzuwaschen. Sie sprang ihr aber aus der Hand
und fiel hinab in den tiefen Brunnen.

Das Mädchen weinte, lief zur Stiefmutter und erzählte ihr das Unglück.
Sie schimpfte das Mädchen nur aus und sprach: „Hast du die Spule
hinunterfallen lassen, so hol sie auch wieder herauf."

Da ging das Mädchen zu dem Brunnen zurück und wusste nicht,
was es anfangen sollte; und in seiner Herzensangst sprang es in den
Brunnen hinein, um die Spule zu holen.
Gleich verlor es die Besinnung.

Als das Mädchen wieder zu sich kam, fand es sich auf einer bunten Blumenwiese wieder und die Sonne schien freundlich auf sie herab.

Als das Mädchen über die Wiese ging, sah es einen Backofen,
der war voller Brot; das Brot rief: „Ach, zieh mich raus, zieh mich raus,
sonst verbrenn ich; ich bin schon längst fertig gebacken."

Da trat das Mädchen an den Backofen und holte mit dem Brotschieber
alles nacheinander heraus.

Danach ging es weiter und kam zu einem Baum,
der hing voller Äpfel und rief ihm zu: „Ach, schüttel mich,
schüttel mich, wir Äpfel sind allesamt reif."

Da schüttelte es den Baum, dass die Äpfel fielen, als regneten sie, und schüttelte bis keiner mehr oben war. Als das Mädchen mit der Arbeit fertig war, ging es weiter.

Endlich kam es zu einem kleinen Haus, daraus schaute eine alte Frau.
Da bekam es das Mädchen etwas mit der Angst zu tun und wollte
weglaufen. Die alte Frau aber rief: „Was fürchtest du dich, liebes Kind,
ich bin Frau Holle. Bleib doch bei mir. Wenn du alle Arbeit im Haus
ordentlich machst, soll es dir wohl ergehen. Du musst nur achtgeben,
dass du mein Bett gut machst und es fleißig aufschüttelst,
dass die Federn fliegen, damit es in der Welt schneit."

Weil die Alte ihm so gut zusprach, willigte es ein und begab sich in ihren Dienst. Es besorgte auch alles zur Zufriedenheit und schüttelte ihr das Bett gewaltig auf, so dass die Federn wie Schneeflocken umherflogen. Dafür hatte das Mädchen ein gutes Leben bei Frau Holle.

Doch nach einer Weile bekam das Mädchen doch Heimweh,
obwohl es ihr hier bei Frau Holle viel besser ging als bei ihrer Stiefmutter.
Frau Holle verstand das Mädchen und sagte: „Es gefällt mir, dass du wieder
nach Hause gehen möchtest, und weil du mir so treu gedient hast,
so will ich dich selbst wieder auf die Erde bringen."
Sie führte das Mädchen vor ein großes Tor.

Das Tor öffnete sich und als das Mädchen gerade darunter stand, fiel ein gewaltiger Goldregen, und alles Gold blieb an ihm hängen, so dass es über und über davon bedeckt war. „Das sollst du haben, weil du so fleißig gewesen bist", sprach Frau Holle und gab dem Mädchen auch die Spindel zurück.

Darauf schloss Frau Holle hinter dem Mädchen das Tor und
es befand sich wieder auf der Erde, nicht weit vom Haus ihrer Stiefmutter.
Als es in den Hof kam, saß der Hahn auf dem Brunnenrand und rief:
„Kikeriki, unsere Goldmarie ist wieder hie."

Da ging das Mädchen in das Haus und wurde sogleich von Stiefmutter und Schwester gut aufgenommen, weil es so mit Gold bedeckt ankam. Das Mädchen erzählte alles, was ihm begegnet war, und als die Mutter hörte, wie es zu dem Reichtum gekommen war, wollte sie der anderen hässlichen und faulen Tochter gerne dasselbe Glück verschaffen.

Sie musste sich an den Brunnen setzen und spinnen, und damit ihre
Spule blutig wurde, stach sie sich in den Finger. Dann warf sie die Spule in
den Brunnen und sprang hinterher.

Sie kam auf die bunte Wiese zum Backofen, aus dem das Brot rief:
„Ach, zieh mich raus, zieh mich raus, sonst verbrenn ich,
ich bin längst schon fertig gebacken." Die Faule aber antwortete:
„Da hätt ich Lust mich dreckig zu machen", und ging weiter.

Bald kam sie zu dem Apfelbaum, der rief:
„Ach, schüttel mich, schüttel mich, wir Äpfel sind allesamt reif."
Sie antwortete aber: „Du kommst mir gerade recht, es könnte mir
ja einer auf den Kopf fallen", und ging weiter.

Als das Mädchen zum Haus von Frau Holle kam, verdingte es sich sogleich
zur Arbeit. Am ersten Tag verstellte es sich noch und war fleißig
und folgte Frau Holle aufs Wort, denn es dachte an das viele Gold,
das sie ihm schenken würde.

Am zweiten Tag aber fing es schon zu faulenzen an, am dritten noch mehr,
da wollte es morgens gar nicht erst aufstehen.

Es machte auch der Frau Holle das Bett nicht und schüttelte es nicht,
so dass überhaupt keine Federn aufflogen.

Das gefiel Frau Holle überhaupt nicht und sie kündigte ihm den Dienst. Die Faule war es zufrieden, denn sie glaubte, dass nun der Goldregen folgen würde, und Frau Holle führte sie auch zu dem Tor.

Sie schloss es hinter dem Mädchen und als die Faule darunter stand,
regnete es Pech anstatt des Goldes. „Das ist zur Belohnung deiner Dienste",
sagte Frau Holle und ging zurück zu ihrem Haus.

Da kam die Faule heim, aber sie war ganz mit Pech bedeckt, und der
Hahn auf dem Zaun rief: „Kikeriki, unsere Pechmarie ist wieder hie."
Das Pech aber blieb fest an ihr hängen und wollte,
solange sie lebte, nicht abgehen.